Impressum
Verlag: BABADADA GmbH, Nedderfeld 112 , 22529 Hamburg
Geschäftsführer / Verlagsleitung: Harald Hof
Druck: Books on Demand GmbH, In de Tarpen 42, 22848 Norderstedt

Imprint
Publisher: BABADADA GmbH, Nedderfeld 112 , 22529 Hamburg, Germany
Managing Director / Publishing direction: Harald Hof
Print: Books on Demand GmbH, In de Tarpen 42, 22848 Norderstedt, Germany

школа

ምህር ቤ

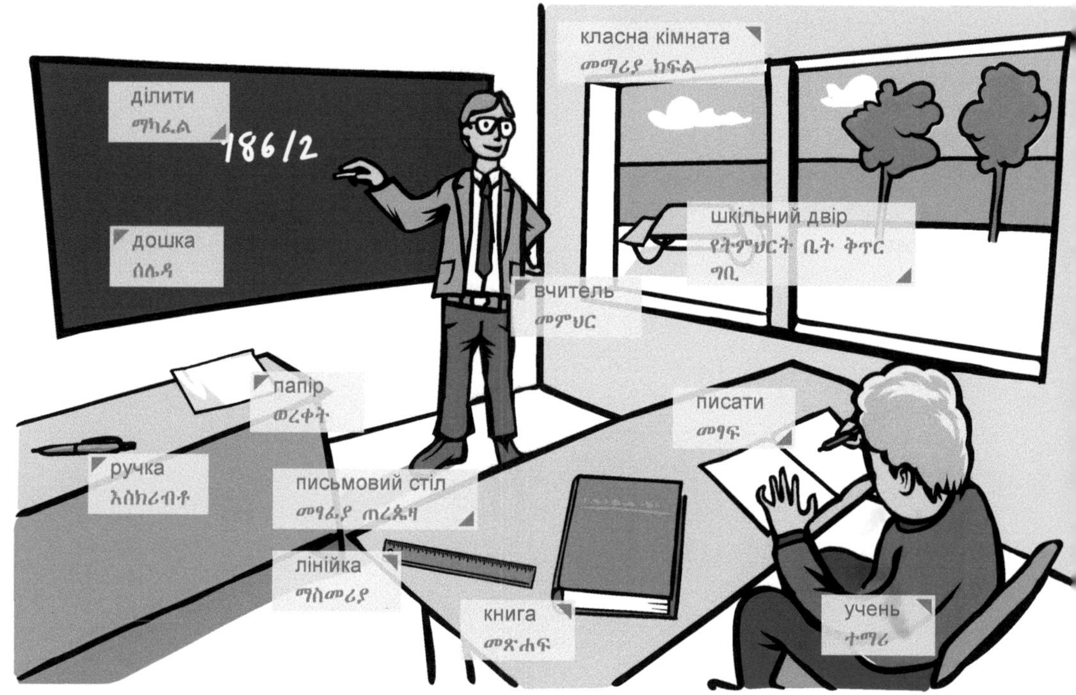
класна кімната
መማሪያ ክፍል
ділити
ማካፈል
186/2
дошка
ሰሌዳ
шкільний двір
የትምህርት ቤት ቅጥር ግቢ
вчитель
መምህር
папір
ወረቀት
писати
መፃፍ
ручка
እስክሪብቶ
письмовий стіл
መፃፊያ ጠረጴዛ
лінійка
ማስመሪያ
книга
መጽሐፍ
учень
ተማሪ

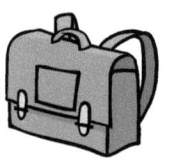

ранець

የጀርባ ቦርሳ

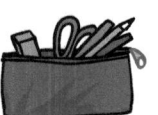

пенал

የእርሳስ መያዣ

олівець

እርሳስ

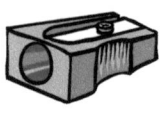

точило

የእርሳስ መቅረጫ

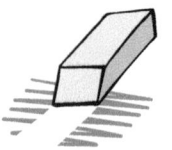

гумка

ላጲስ

альбом для малювання

የስዕል ደብተር

малюнок

ስዕል

пензель

የቀለም ብሩሽ

коробка фарб

የቀለም ሳጥን

ножиці

መቀስ

клей

ማጣበቂያ

зошит

መልመጃ ደብተር

домашнє завдання

የቤት ስራ

число

ቁጥር

додавати

መደመር

віднімати

መቀነስ

множити

ማባዛት

рахувати

ቁጥሮችን ማስላት

літера

ደብዳቤ

абетка

ፊደላት

слово

ቃል

текст

ዕሑፍ

читати

ማንበብ

крейда

ጠመኔ

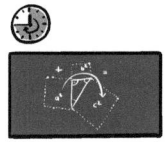

година

ትምህርት

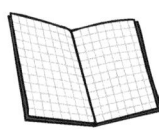

класний журнал

ምዝገባ

екзамен

ፈተና

диплом

ሰርተፊኬት

шкільна форма

የትምህርት ቤት የደንብ ልብስ

освіта

ትምህርት

лексикон

አዉደ ጥበብ

університет

ዩኒቨርስቲ

мікроскоп

የምርምር አጉሊ መሳርያ

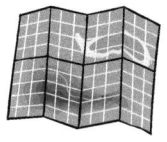

карта

ካርታ

кошик для паперу

የቆሻሻ ወረቀት መጣያ ቅርጫት

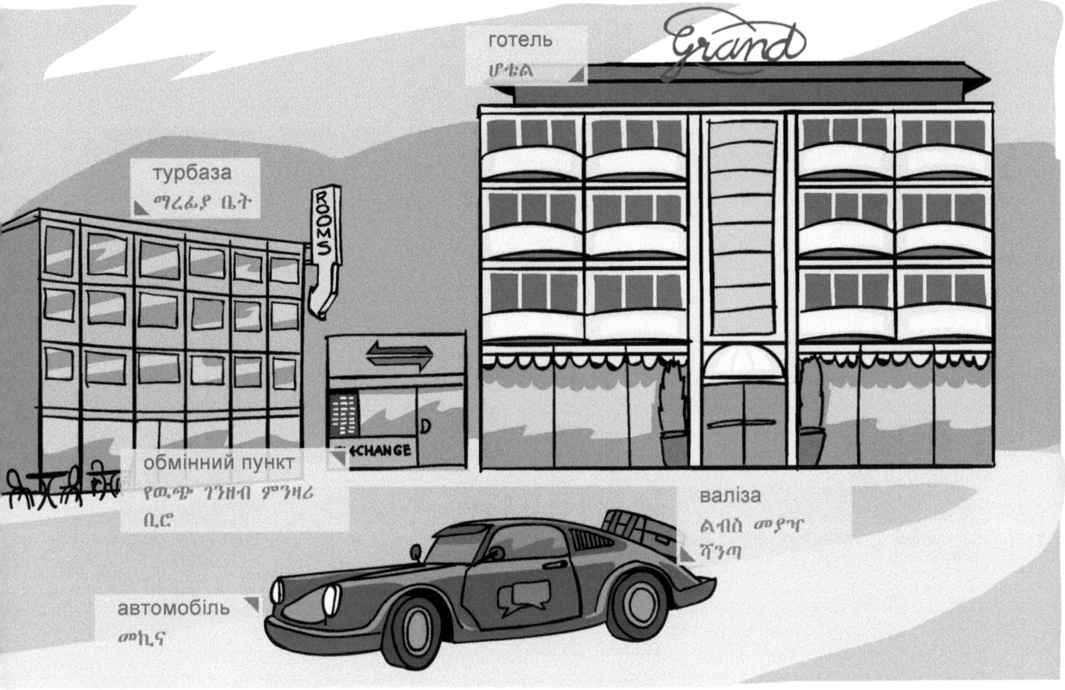

готель
ሆቴል
Grand
турбаза
ማረፊያ ቤት
ROOMS
CHANGE
обмінний пункт
የውጭ ገንዘብ ምንዛሪ ቢሮ
валіза
ልብስ መያዣ ሻንጣ
автомобіль
መኪና

мова

ቋንቋ

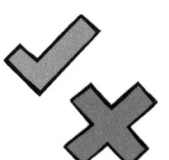

так / ні

አዎ/ አይደለም

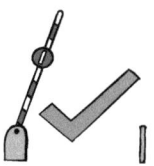

добре

እሺ

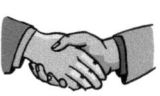

привіт

ሰላም

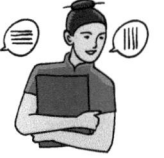

перекладач

አስተርጓሚ

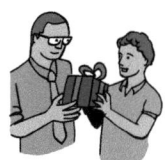

дякую

አመሰግናለሁ

Скільки коштує ...?

ስንት ነዉ.......?

Я не розумію

አልገባኝም

проблема

እክል

Добрий вечір!

እንደምን አመሹ!

Доброго ранку!

እንደምን አደሩ!

На добраніч!

መልካም ምሽት!

До побачення

ደህና ይሰንብቱ

напрямок

አቅጣጫ

багаж

ሻንጣ

сумка

ቦርሳ

рюкзак

የጀርባ ቦርሳ

гість

እንግዳ

кімната

ክፍል

спальний мішок

የመተኛ ቦርሳ

намет

ድንኳን

туристична інформація

የጎብኚዎች መረጃ

пляж

የባህር ዳርቻ

кредитна картка

ክሬዲት ካርድ

сніданок

ቁርስ

обід

ምሳ

вечеря

እራት

квиток

ቲኬት

ліфт

አሳንስር

поштова марка

ማህተም

межа

ድንበር

митниця

ባህሎች

посольство

ኤምባሲ

віза

ቪዛ/የይለፍ መረቀት

паспорт

ፓስፖርት

транспорт

መጓጓዣ

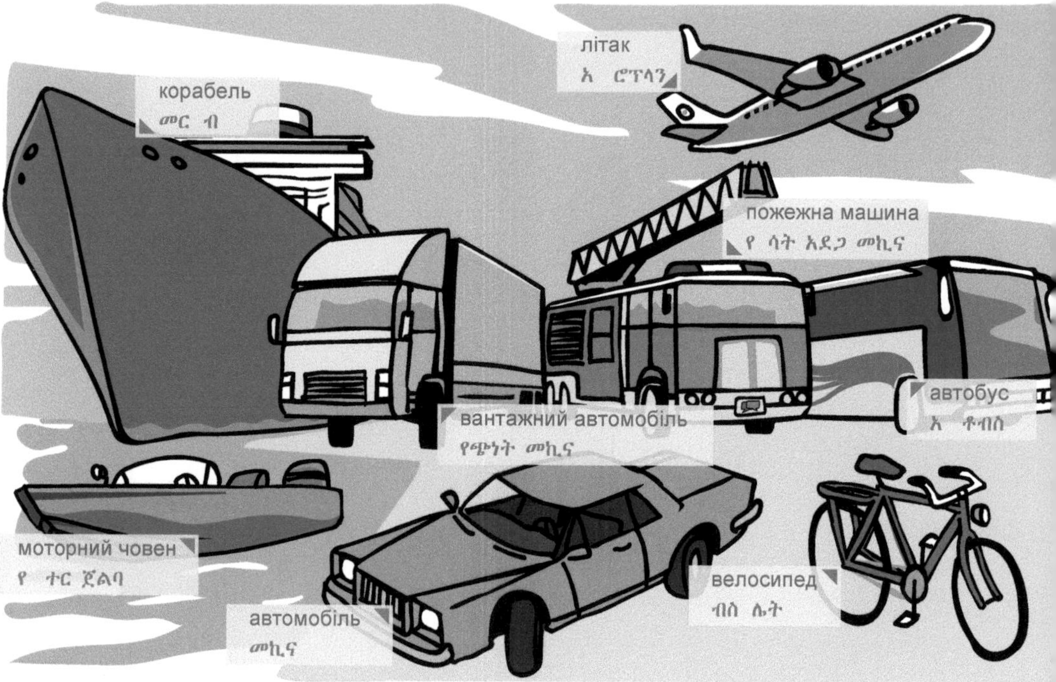

літак
አ ሮፕላን
корабель
መር ብ
пожежна машина
የ ሳት አደጋ መኪና
автобус
አ ቶብስ
вантажний автомобіль
የጭነት መኪና
моторний човен
የ ተር ጀልባ
велосипед
ብስ ሌት
автомобіль
መኪና

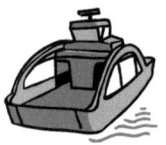

пором

የማመላለሻ ጀልባ

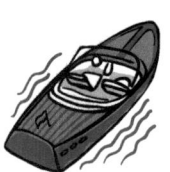

човен

ጀልባ

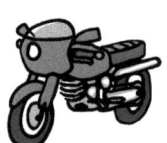

мотоцикл

የ ተር ብስ ሌት

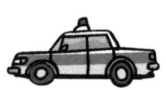

поліцейська машина

የፖሊስ መኪና

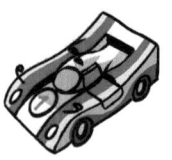

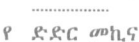

гоночний автомобіль

የ ድድር መኪና

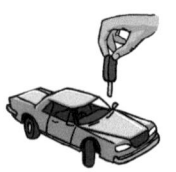

автомобіль на прокат

የኪራይ መኪና

пільне користування авто

የመኪና መጋራት

евакуатор

ጎታች መኪና

сміттєвоз

የቆሻሻ ጭነት መኪና

двигун

ተር

паливо

ነዳጅ

автозаправна станція

የቤንዚን ማደያ

дорожній знак

የመንገድ ምልክት

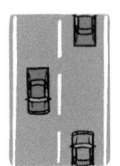

рух

የመኪኖች እንቅስቃሴ

затор

የመኪና መጨናነቅ

стоянка

የመኪና ማቆሚያ

вокзал

የባቡር ጣቢያ

рейки

የባቡር ሀዲዶች

потяг

ባቡር

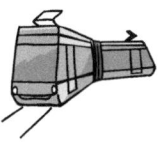

трамвай

የኤሌክትሪክ ባቡር

вагон

ሰረገላ

гелікоптер

ሄሊኮፕተር

аеропорт

አየር ማረፊያ

вежа

ማማ

пасажир

መንገደኛ

контейнер

ማስቀመጫ፤ ማጠራቀሚያ

коробка

ካርቶን እቃ ማሸጊያ

візок

ጋሪ፤ ተሳቢ

кошик

ቅርጫት

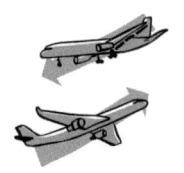

стартувати / приземлятися

መነሳት/ ማረፍ

МІСТО

ከተማ

село

መንደር

центр міста

የከተማ ማዕከል

дім

ቤት

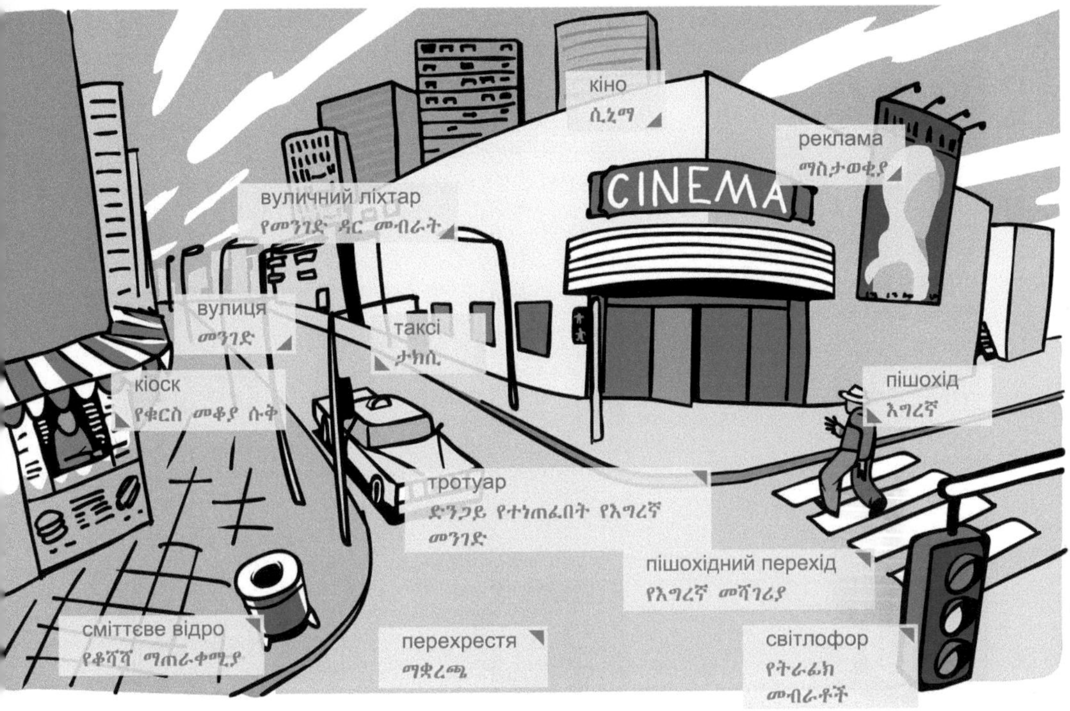

кіно
ሲኒማ

реклама
ማስታወቂያ

вуличний ліхтар
የመንገድ ዳር መብራት

вулиця
መንገድ

таксі
ታክሲ

CINEMA

пішохід
እግረኛ

кіоск
የቁርስ መቆያ ሱቅ

тротуар
ድንጋይ የተነጠፈበት የእግረኛ
መንገድ

пішохідний перехід
የእግረኛ መሻገሪያ

сміттєве відро
የቆሻሻ ማጠራቀሚያ

перехрестя
ማቋረጫ

світлофор
የትራፊክ
መብራቶች

хатина
ጎጆ

квартира
አፓርታማ

вокзал
የባቡር ጣቢያ

ратуша
የከተማ አዳራሽ

музей
ቤተ መዘክር

школа
ትምህርት ቤት

університет

ዩኒቨርስቲ

банк

ባንክ

лікарня

ሆስፒታል

готель

ሆቴል

аптека

መድሐኒት ቤት

офіс

ቢሮ

книжковий магазин

መጽሐፍ መሸጫ

магазин

ሱቅ

квітковий магазин

የአበባ መሸጫ

супермаркет

የሽቀጣ ሽቀጥ መደብር

ринок

ገበያ ስፍራ

універмаг

መደብር

торговець рибою

የዓሳ ነጋዴ

торговельний центр

የገበያ ማዕከል

гавань

ወደብ

парк

መናፈሻ ቦታ

лава

አግዳሚ ወንበር

міст

ድልድይ

сходи

ደረጃዎች

метро

ዉስጥ ለዉስጥ

тунель

ዋሻ

автобусна зупинка

የአዉቶቡስ ፌርማታ

бар

ባር

ресторан

ምግብ ቤት

поштова скринька

የፖስታ ሳጥን

вулична табличка

የመንገድ ምልክት

лічильник паркування

የመኪና ማቆሚያ ሒሳብ የሚያሰላ ማሽን

зоопарк

የደር እንስሳት ማቆያ

басейн

የመዋኛ ገንዳ

мечеть

መስጊድ

ферма

እርሻ

забруднення
навколишнього
середовища

የሚጠል ነገር

кладовище

መቃብር ስፍራ

церква

ቤተ ክርስቲያን

дитячий майданчик

መጫወቻ ሜዳ

храм

ቤተ መቅደስ

ландшафт
መልከዓምድር

листок
ቅጠል

вказівний стовп
የመንገድ ላይ ምልክት

шлях
መንገድ

луг
አረንጓዴ መስክ

камінь
ድንጋይ

дерево
ዛፍ

мандрівник
በእግሩ የሚጓዝ

річка
ወንዝ

трава
ሳር

квітка
አበባ

долина

шለቆ

гора

ኮረብታ

озеро

ሀይቅ

ліс

ጫካ

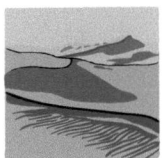

пустеля

ረሃ

вулкан

ሳተ ገሞራ

замок

ግምብ

веселка

ቀስተ ዳመና

гриб

ንጉዳይ

пальма

የቴምብር ዛፍ/ ዘንባባ

комар

ቢንቢ/ የወባ ትንኝ

муха

ራራ

мурашка

ጉንዳን

бджола

ንብ

павук

ሸረሪት

жук

ጢንዚዛ

жаба

እንቁራሪት

вивірка

ሽኮኮ

їжак

ጃርት

заєць

ጥንቸል

сова

ጉጉት ወፍ

птах

ወፍ

лебідь

የውሃ ዳክዬ

кабан

ክርክሮ

олень

አጋዘን

лось

አጋዘን

гребля

ግድብ

вітряк

በነፋስ የሚሽከረከር

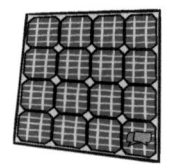

сонячний модуль

የፀሀይ ፓኔሎ

клімат

አየር ንብረት

офіціант
አስተናጋጅ

меню
ዉሩ

стілець
ወንበር

суп
ሾርባ

піца
ፒሳ

столові прилади
መክተፊያ

скатертина
የጠረጴዛ ጨርቅ

закуска
የምግብ ፍላጎትን የመክፈቹት ምግብ

друга страва
ዋና ምግብ

десерт
ጣጣማ ተከታይ ምግብ

напої
መጠጦች

їжа
ምግብ

пляшка
ጠርሙስ

фаст-фуд

ፈጣን ምግብ

вулична їжа

የመንገድ ምግብ

чайник

የሻይ ማንቆርቆሪያ

цукорниця

የስኳር እቃ

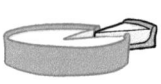

порція

ድርሽ

еспресо-машина

የቡና ማፈያ ማሽን

високий стільчик

ባለጌ ወንበር

рахунок

የክፍያ ደረሰኝ

піднос

ትሪ

ніж

ቢላዋ

вилка

ሹካ

ложка

ማንኪያ

чайна ложка

የሻይ ማንኪያ

серветка

ልብስ ምግብ እንዳይነካ የሚረዳ ጨርቅ

склянка

ብርጭቆ

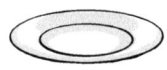

тарілка

ዝርግ ሰሀን

тарілка для супу

የሾርባ ጎድጓዳ ሰሀን

блюдце

የስኒ ማስቀመጫ

соус

ማጣፈጫ ስጎ

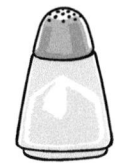

солонка

የጨዉ እቃ

млин для перцю

የተፈጨ ቃሪያ

оцет

ኮምጣጤ

масло

የምግብ ዘይት

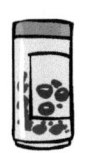

спеції

ቀመማ ቅመሞች

кетчуп

የቲማቲም ድልህ

гірчиця

ሰናፍጭ

майонез

ማዮኒዝ

супермаркет

የሸቀጣ ሸቀጥ መደብር

пропозиція
ልዩ አቅራቦት
FOR
клієнт
ደምበኛ
молочні продукти
የወተት ተዋፅዖ
фрукти
ፍራፍሬ
візок для покупок
ባለ ጎማ የእጅ ጋሪ

BUTCHERS

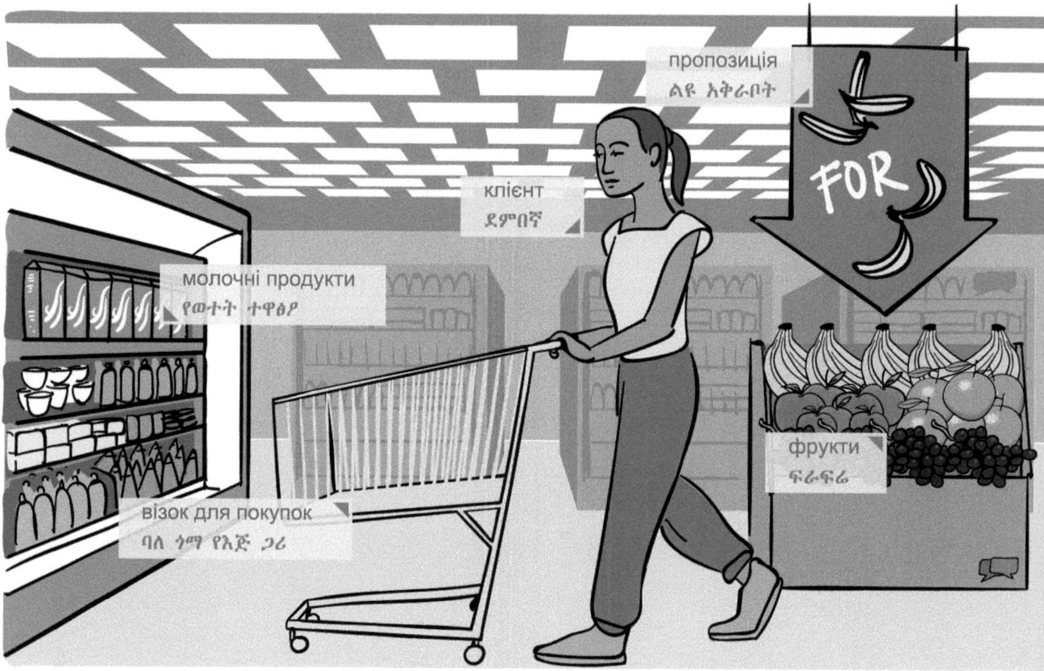

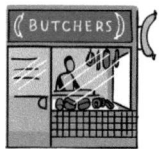

м'ясний магазин

ሉካንዳ ነጋዴ

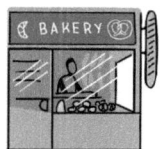

BAKERY

пекарня

መጋገርያ

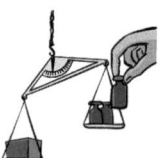

зважувати

ክብደት መመዘን

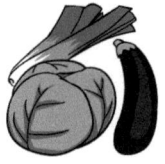

овочі

ቅጠላ ቅጠል አትክልት

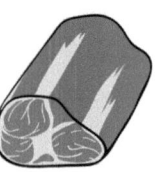

м'ясо

ስጋ

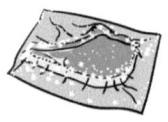

заморожені продукти

የቀዘቀዘ/የረጋ ምግብ

ковбасна нарізка

ቀዝቃዛ ቁራጭ

консерви

የታሸገ ምግብ

пральний порошок

የማጠቢያ ዱቄት

солодощі

ጣፋጮች

предмети домашнього побуту

የቤት ዉስጥ ዉጤቶች

мийний засіб

የዕዳት ምርቶች

продавщиця

የሽያጭ ባለሙያ

каса

የገንዘብ መመዝበ ማሽን

касир

የሒሳብ ሰራተኛ

список покупок

የግዢ ዝርዝር

часи роботи

ክፍት ሰዓታት

гаманець

የኪስ ቦርሳ

кредитна картка

ክሬዲት ካርድ

сумка

ቦርሳ

поліетиленовий пакет

የፕላስቲክ ቦርሳ

вода

ወሃ

сік

ጭማቂ

молоко

ወተት

кола

ኮካ-ኮላ

вино

ወይን

пиво

ቢራ

алкоголь

አልኮል

какао

ኮካ

чай

ሻይ

кава

ቡና

еспресо

የተፈላ ቡና

капучіно

ካፑጂኖ

банан

ዝ

яблуко

ጥም

апельсин

ብርቱካን

кавун

ሀብሀብ

лимон

ሎሚ

морква

ካሮት

часник

ነጭ ሽንኩርት

бамбук

ሽምበቆ

цибуля

ቀይ ሽንኩርት

гриб

እንጉዳይ

горішки

ለዉዝ

локшина

የህፃናት ምግብ

спагеті

ፓስታ

рис

ሩዝ

салат

ሰላጣ

картопля фрі

የድንች ጥብስ

смажена картопля

ድንች ጥብስ

піца

ፒዛ

гамбургер

ዳቦ ዌስጥ በሰሱ ተጠብሶ የገባ
ስጋ

бутерброд

ሳንድዊች

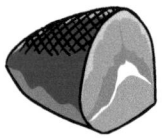

шніцель

ጥሬ ስጋ

шинка

የአሳማ ስጋ

салямі

በቅመምና በጨዉ የታሽ ምግብ
ቀዝቅዞ የሚበላ ሾርባ ምግብ

ковбаса

ቋሊማ

курка

ዶሮ

печеня

ጥብስ

риба

አሳ

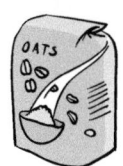

вівсяні пластівці

የአጃ ገንፎ

мюслі

ከወተት ጋር ተደባልቀዉ የሚበሉ ምግቦች

кукурудзяні пластівці

የበቆሎ ቅርፊት

борошно

ዱቄት

круасан

ኩራሳ

булочка

ድብልብል ዳቦ

хліб

ዳቦ

тостовий хліб

መጥበስ

печиво

ብስኩት

масло

ቅቤ

сир

እርጎ

пиріг

ኬክ

яйце

እንቁላል

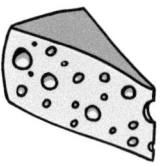

яєчня

እንቁላል ጥብስ

сир

አይብ

морозиво

የበረዶ ክሬም

цукор

ስኳር

мед

ማር

мармелад

ማርማላት

нуга-крем

የተናጠ የወተት ክሬም

карі

ማጣፈጫ

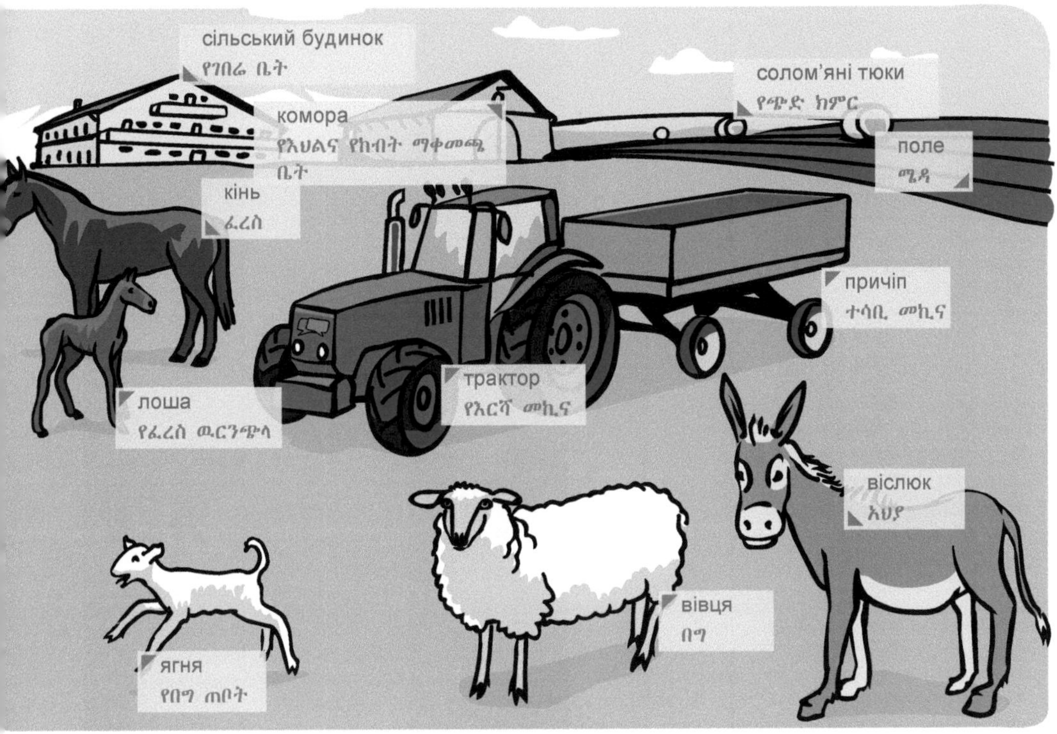

сільський будинок
የገበሬ ቤት

комора
የእህልና የከብት ማቀመጫ
ቤት

кінь
ፈረስ

солом'яні тюки
የሾጉ ክምር

поле
ሜዳ

причіп
ተሳቢ መኪና

трактор
የእርሻ መኪና

лоша
የፈረስ ውርንጭላ

віслюк
አህያ

ягня
የበግ ጠቦት

вівця
በግ

коза

ፍየል

корова

ላም

теля

ጥጃ

свиня

አሳማ

порося

ግልገል አሳማ

бик

ኮርማ

гусак

ዝይ

качка

ዳክዬ

курча

የዶሮ ጫጩት

курка

ዶር

півень

አውራ ዶሮ

щур

አይጥ

кіт

ደድመት

миша

አይጥ

віл

በሬ

собака

ዉሻ

собача будка

የዉሻ ቤት

садовий шланг

የአትክልት ቦታ

лійка

ዉሃ ማጠጫ ባልዲ

коса

ረጅም ማጭድ

плуг

ማረሻ

ферма - እርሻ

серп

ማጭድ

мотика

መኮትኮቻ

вила

የእህል መንሽ

сокира

መጥረቢያ

тачка

ኩርኩር/ የእጅ ጋሪ

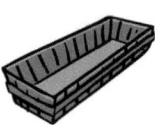

корито

ገንዳ

бідон молока

የወተት ዕቃ

мішок

ጆንያ ከረጢት

паркан

አጥር

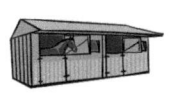

хлів

የፈረስ ጋጣ

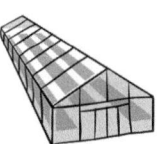

теплиця

ዕፅዋት ማሳደጊያ የመስታዉት
ቤት

ґрунт

አፈር

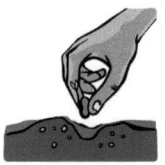

насіння

ዘር

добриво

የመሬት ማዳበሪያ

комбайн

ጥምር ማረሻ

пожинати

አዝመራ መሰብሰብ

урожай

አዝመራ

корінь ямсу

ድንች

пшениця

ስንዴ

соя

ሶያ

картопля

ድንች

кукурудза

በቆሎ

ріпак

የከብት መኖ

плодове дерево

የፍሬ ዛፍ

маніок

የካሳቫ ዛፍ

злаки

እህል

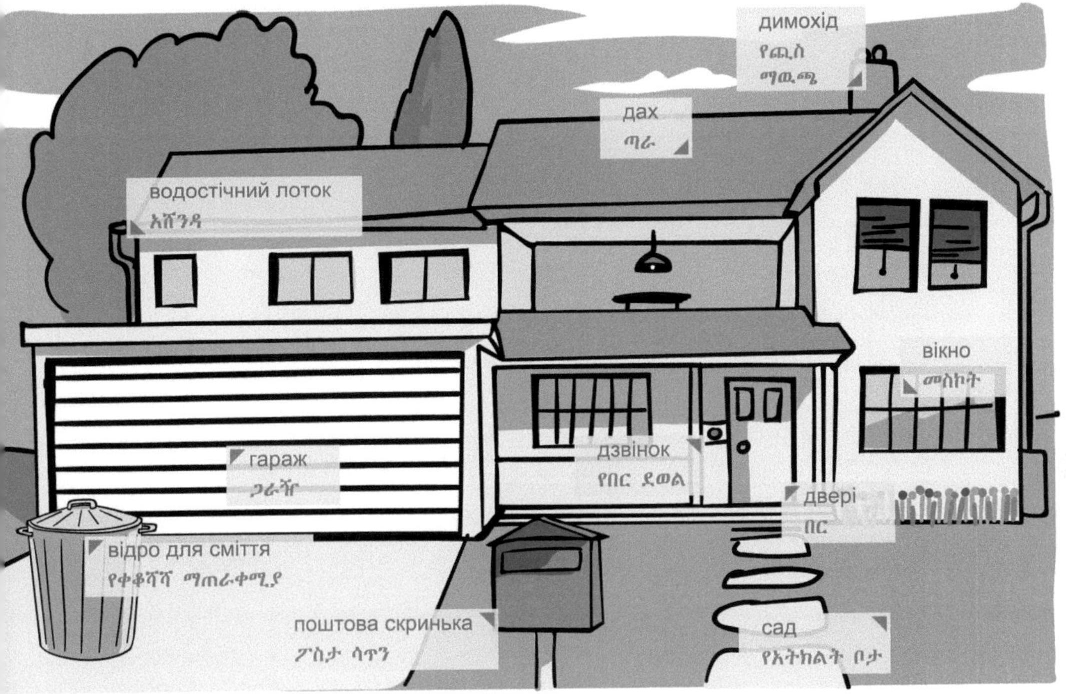

димохід
የጢስ ማዉጫ

дах
ጣራ

водостічний лоток
አሻንዳ

вікно
መስኮት

гараж
ጋራዥ

дзвінок
የበር ደወል

двері
በር

відро для сміття
የቀቆሻሻ ማጠራቀሚያ

поштова скринька
ፖስታ ሳጥን

сад
የአትክልት ቦታ

вітальня

ሳሎን

ванна кімната

መታጠቢያ ቤት

кухня

ማድቤት

спальня

መኝታ ቤት

дитяча кімната

የልጅ ክፍል

їдальня

መመገቢያ ክፍል

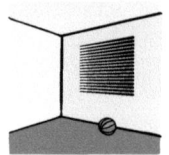

підлога

ወለል

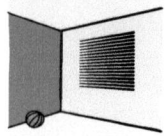

стіна

ግድግዳ

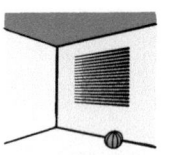

стеля

ጣሪያ

підвал

ምድር ቤት

сауна

በእንፋሎት ሙቀት መታጠቢያ ቤት

балкон

ሰገነት

тераса

ከፍ ያለ መደብ

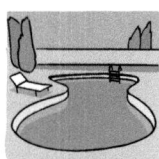

басейн

የመዋኛ ገንዳ

косарка

የማጨጃ መኪና

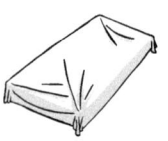

простирало

አንሶላ

ковдра

የአልጋ ልብስ

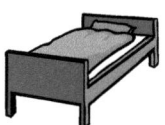

ліжко

አልጋ

мітла

መጥረጊያ

відро

ባልዲ

перемикач

ማብሪያና ማጥፊያ

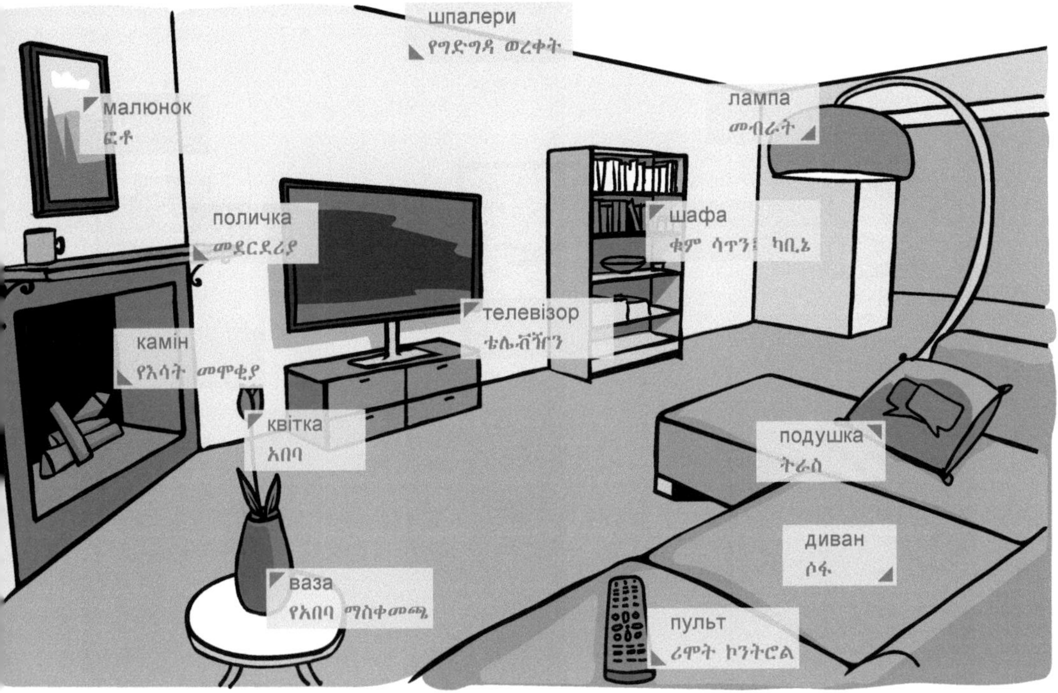

шпалери
የግድግዳ ወረቀት

малюнок
ፎቶ

лампа
መብራት

поличка
መደርደሪያ

шафа
ቁም ሳጥን፣ ካቢኔ

телевізор
ቴሌቪዥን

камін
የእሳት መሞቂያ

квітка
አበባ

подушка
ትራስ

диван
ሶፋ

ваза
የአበባ ማስቀመጫ

пульт
ሪሞት ኮንትሮል

килим

ንጣፍ

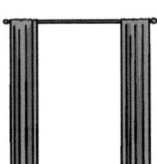

завіса

መጋረጃ

стіл

ጠረጴዛ

стілець

ወንበር

крісло-гойдалка

ተወዛዋዥ ወንበር

крісло

ባለመደገፊያ ወንበር

книга

መጽሐፍ

ковдра

ብርድ ልብስ

прикраса

ጌጥ

дрова

ማገዶ

фільм

ፊልም

стереосистема

የሙዚቃ መጫጫወጫ

ключ

ቁልፍ

газета

ጋዜጣ

картина

ስዕል

плакат

የተለጠፈ ማስታወቂያ እንደ ስዕል

радіо

ራዲዮ

блокнот

ማስታወሻ ደብተር

пилосос

የአየር ማዕዶ ለምንጣፍ

кактус

ቁልቁል

свічка

ሻማ

кухня
ማድቤት

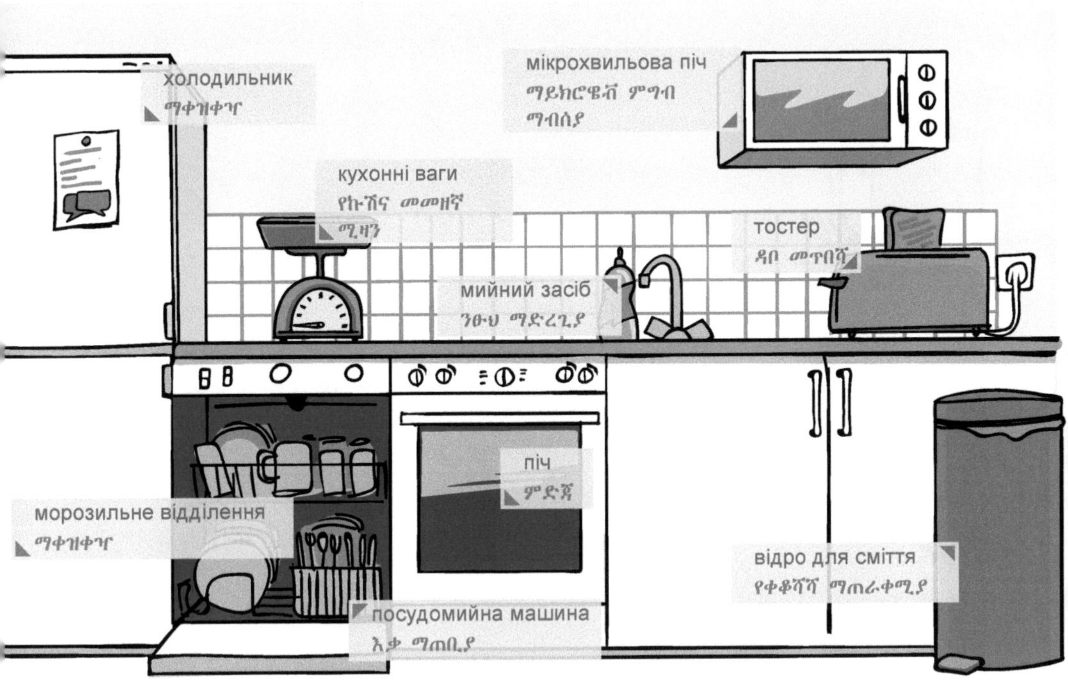
холодильник
ማቀዝቀዣ
мікрохвильова піч
ማይክሮዌቭ ምግብ
ማብሰያ
кухонні ваги
የኩሽና መመዘኛ
ሚዛን
тостер
ዳቦ መጥበሻ
мийний засіб
ንፁህ ማድረጊያ
піч
ምድጃ
морозильне відділення
ማቀዝቀዣ
відро для сміття
የቆሻሻ ማጠራቀሚያ
посудомийна машина
እቃ ማጠቢያ

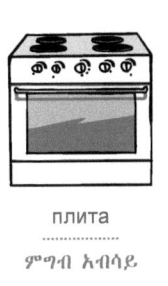

плита

....

ምግብ አብሳይ

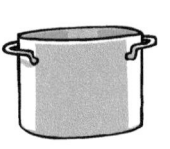

горщик

....

ማሰሮ

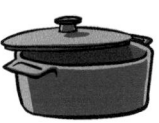

чавунний горщик

....

የብረት ማሰሮ

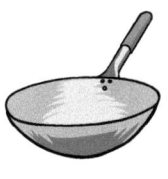

вок / кадай

....

ምግብ ማብሰያ ዝርግ ድስት

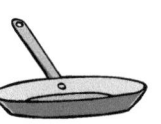

сковорода

....

የምግብ መጥበሻ

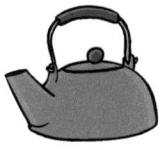

чайник

....

ማንቆርቆሪያ

пароварка

የእንፋሎት ማብሰያ

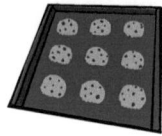

лист

የመጋገሪያ ትሪ

посуд

ሰብስቦች

кухоль

ትልቅ ኩባያ

чаша

ጎድጓዳ ሳህን

палички для їжі

ቾፕስቲክስ

черпак

ጭልፋ

лопатка

መስቀስቂያ ዝርግ ማንኪያ

вінчик для збивання

ማደባለቂያ

сито

መወጠሪያ

сито

ወንፊት

терка

መፍርፈሪያ መሳሪያ

ступка

ሲሚንቶ

барбекю

የፍም ጥብስ

багаття

የተለቀቀ እሳት

дошка

መክተፊያ

качалка

ተንሸራታች መርፈ

штопор

የጠርሙስ መክፈቻ

конзерва

ጣሳ

відкривачка

የጣሳ መክፈቻ

прихватки

የማሰሮ መሸፈኛ

раковина

ሳህን ማጠቢያ

щітка

ብሩሽ

губка

ስፖንጅ

міксер

መደባለቂያ መሳሪያ

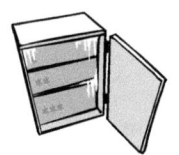

морозильна камера

በጣም ማቀዝቀዣ

дитяча пляшка

ጡጦ

кран

ቧንቧ

ванна кімната

መታጠቢያ ቤት

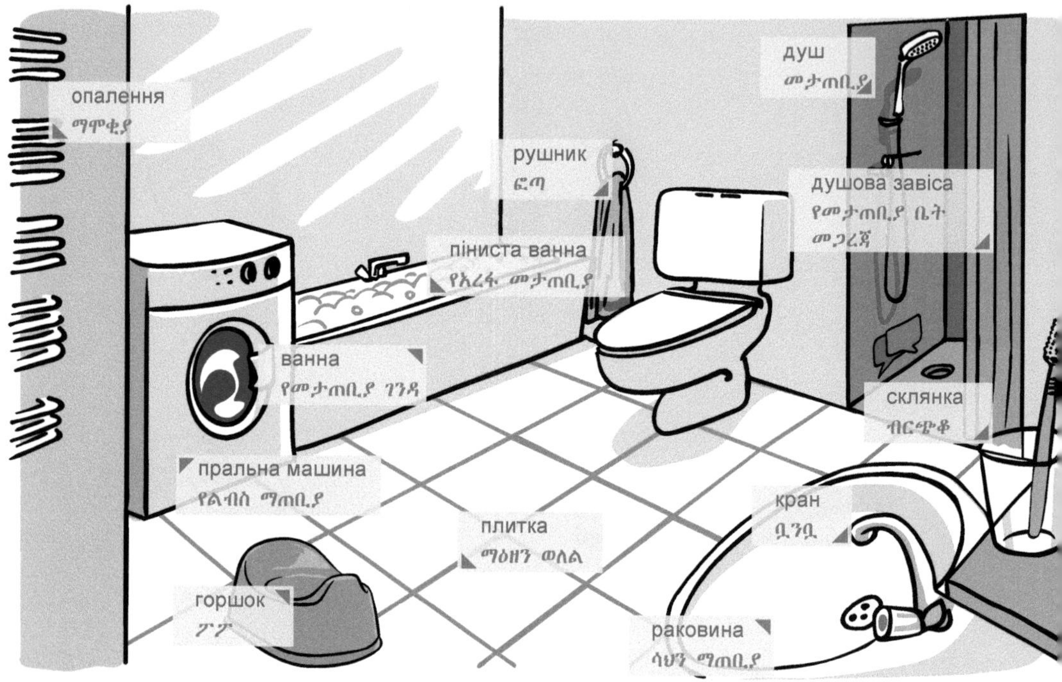
опалення
ማሞቂያ
рушник
ፎጣ
піниста ванна
የአረፋ መታጠቢያ
душ
መታጠቢያ
душова завіса
የመታጠቢያ ቤት መጋረጃ
ванна
የመታጠቢያ ገንዳ
склянка
ብርጭቆ
пральна машина
የልብስ ማጠቢያ
кран
ቧንቧ
плитка
ማዕዘን ወለል
горшок
ፖፖ
раковина
ሳህን ማጠቢያ

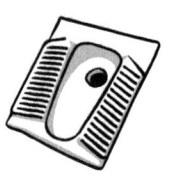

туалет

ሽንት ቤት

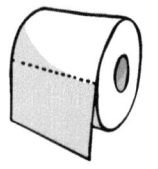

підлоговий туалет

የሽንት ቤት መቀመጫ

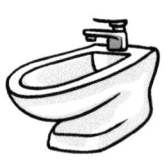

біде

ሳፋ

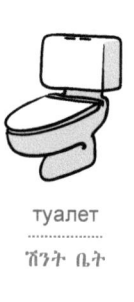

пісуар

የመንገድ ዳር መሽኛ

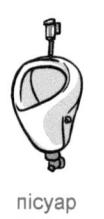

туалетний папір

የሽንት ቤት ወረቀት

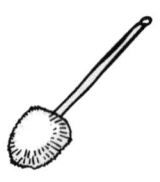

щітка для туалету

የሽንት ቤት ማፅጃ ብሩሽ

зубна щітка

የጥርስ ብሩሽ

зубна паста

የጥርስ ሳሙና

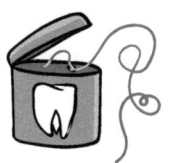

нитка для чищення зубів

የጥርስ ማዕጽ ክር

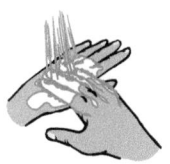

мити

መታጠብ

ручний душ

የእጅ መታጠቢያ

інтимний душ

መታጠቢያ

таз

ጎድጓዳ ሳህን

щітка для спини

የጀርባ ብሩሽ

мило

ሳሙና

гель для душу

የመታጠቢያ የሚዝልገለግ ሳሙና

шампунь

የፀጉር መታጠቢያ ሳሙና

мочалка

ለስላሳ ጨርቅ

водостік

ፍሳሽ

крем

ክሬም

дезодорант

ጠረን መቆየሪያ ንጥረ ነገር

дзеркало

መስታወት

косметичне дзеркало

የእጅ መስታወት

бритва

ምላጭ

піна для гоління

የመላጫ አረፋ

лосьйон після гоління

ከመላጨት በኋላ የሚቀባ ሽቱ

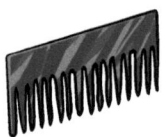

гребінь

ማበጠሪያ

щітка

ብሩሽ

фен

የፀጉር ማድረቂያ

лак для волосся

በፀጉር ላይ የሚነፋ

косметика

የፊት መቀባቢያ

губна помада

የከንፈር ቀለም

лак для нігтів

የጥፍር ቀለም

вата

የጥጥ ሱፍ

ножиці для нігтів

ጥፍር መቁረጫ

парфум

ሽቶ

косметичка

ማጠቢያ ባልዲ

табурет

መቀመጫ

ваги

ሚዛን

халат

የመታጠቢያ ልብስ

гумові рукавички

የላስቲክ ጓንት

тампон

ሞዴስ

гігієнічні прокладки

የዕዳት ፎጣ

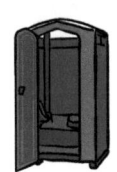

біотуалет

የሽንት ቤት ኬሚካል

дитяча кімната
የልጅ ክፍል

будильник
የማንቂያ ደወል ሰዐት
м'яка іграшка
የህፃን አሻንጉሊት
іграшковий автомобіль
የመጫወቻ መኪና
брязкальце
ማንገጫገጫ
መጫወቻ
лялькoвий будиночок
የአሻንጉሊት ቤት
подарунок
ስጦታ

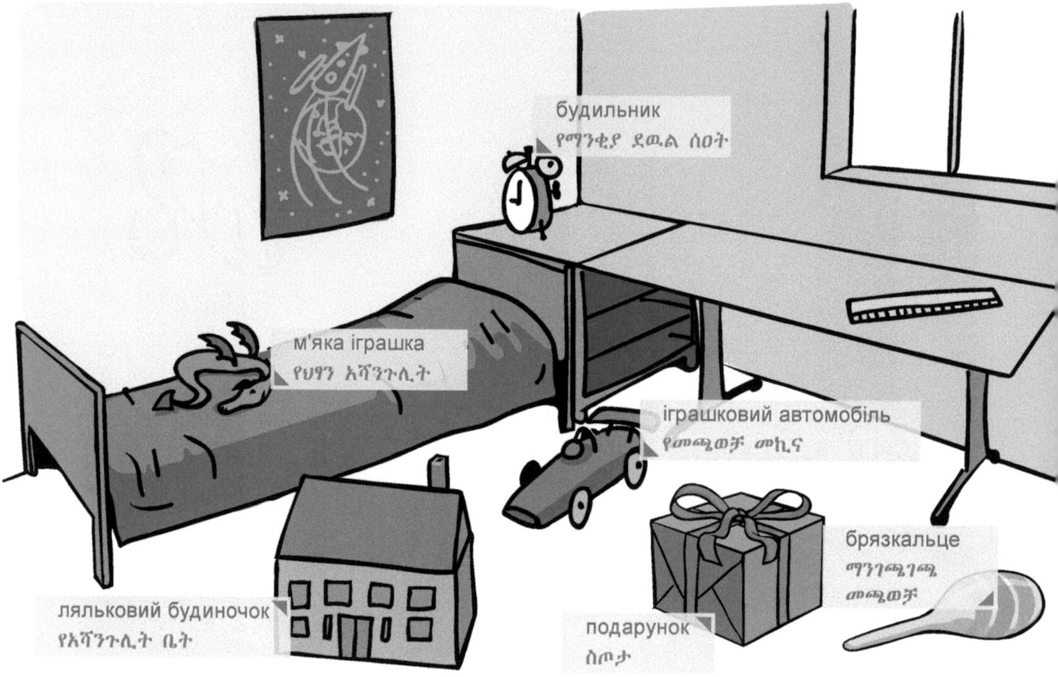

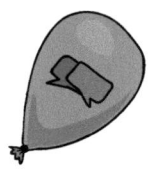

повітряна кулька

ፊኛ

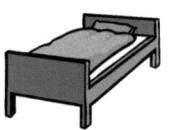

ліжко

አልጋ

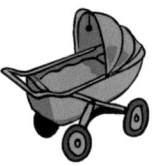

дитячий візок

የህፃን ማንሸራሸሪያ ጋሪ

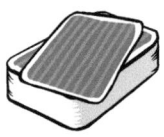

картярська гра

የካርታ መጫወቻ

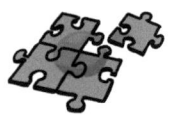

пазл

ቁርጥራጭ ምስሎችን የማገጣጠም
እና ምስል የማግኘት ጨዋታ

SUPER
MEGA

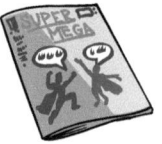

комікс

አዝናኝ

лего цеглинки

ተገጣጣሚ መጫወቻ

блоки

የመጫወቻ መገጣጠሚያዎች

іграшкова фігурка

የድርጊት ምስል

повзунки

የህፃን እድገት

фризбі

የፕላስቲክ መጫወቻ ዝርግ ሰህን

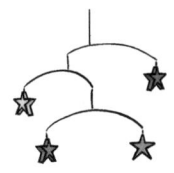

мобіле

ተወዛዋዥ የህፃን ማጫወቻ

настільна гра

የሰሌዳ ጨዋታ

кубик

የመጫወቻ ጠጠር

модель залізнична станція

የመጫወቻ ባቡር

соска

የእንጀራ እናት ጡጦ

вечірка

ድግስ

книжка з картинками

የስዕል መፅሀፍ

м'яч

ኳስ

лялька

አሻንጉሊት

грати

መጫወት

пісочниця

የአሸዋ መጫወቻ

гойдалка

ጓዋኙዌ

іграшка

መጫወቻዎች

гральна консоль

የቪዲዮ መጫወቻ

триколісний велосипед

ባለ ሶስት ጎማ ብስክሌት

плюшевий мішка

የአሻንጉሊት ድብ

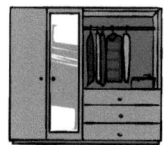

шафа

ምሳጥን

шкарпетки

ካልሲዎች

панчохи

ስቶኪንጎች

колготки

ታይት

шарф
የአንገት ልብስ

парасоля
ዣንጥላ

футболка
ከናቴራ

ремінь
ቀበቶ

чоботи
ቡቲ

домашнє взуття
የቤት ውስጥ ነጠላ
ጫማ

кросівки
ስኒከሮች

сандалі
ነጠላ ጫማዎች

взуття
ጫማዎች

гумові чоботи
የጎማብ ቡትስ

труси
ሙታንታ

бюстгальтер
ጡት መያዣ

нижня сорочка
ሰደርያ

боді

ሰዉነት

штани

ሱሪዎች

джинси

ጂንስ

спідниця

ጉርድ ቀሚስ

блузка

ሸሚዝ

сорочка

ሸሚዝ

пуловер

የሚጠለቅ ሹራብ

светр

ሹራብ

піджак

ዩኒፎርም ጃኬት

куртка

ጃኬት

пальто

ኮት

дощовик

የዝናብ ኮት

костюм

ልብስ

сукня

ቀሚስ

весільна сукня

የሙሽራ ቀሚስ

костюм

ሱፍ

нічна сорочка

የለሊት ልብስ

піжама

የለሊት ልብስ

сарі

ረጅም ቀሚስ

головна хустка

ሂጃብ

чалма

ጥምጣም

бурка

ቡርቃ

кафтан

ሸርጥ

абая

አባያ

купальник

የዋና ልብስ

плавки

አጭር ቁምጣ

шорти

ቁምጣዎች

тренувальний костюм

የስራ ቱታ

фартух

ሸርጥ

рукавички

ጓንት

гудзик

ቁልፍ

окуляри

መነፅር

браслет

አምባር

ланцюг

የአንገት ሀብል

кільце

ቀለበት

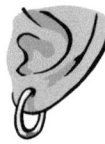

сережка

የጆሮ ጌጥ

шапка

ኮፍያ

плічка

የኮት መስቀያ

капелюх

ኮፍያ

краватка

ከረባት

застібка-блискавка

ዚፕ

шолом

የብረት ቆብ

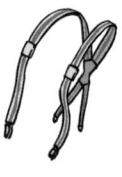

підтяжки

መደገፊያ

шкільна форма

የትምህርት ቤት የደንብ ልብስ

уніформа

የደንብ ልብስ

нагрудник

መሃረብ

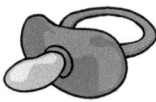

соска

የእንጀራ እናት ጡጦ

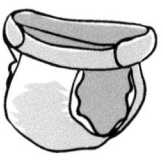

підгузок

ሽንት ጨርቅ

сервер
ማስራጫ ጣቢያ

шаф для документів
የፋይል መደርደሪያ ካቢኔ

принтер
የህትመት መሳሪያ

папір
ወረቀት

монітор
መቆጣጠሪያ

письмовий стіл
መፃፊያ ጠረጴዛ

миша
ማዉዝ

папка
ማህደር

синтезатор
የመፃፊ ቁልፎች

кошик для паперу
የቆሻሻ ወረቀት መጣያ ቅርጫት

комп'ютер
ኮምፒዉተር

стілець
ወንበር

кавовий кухоль

የቡና መጠጫ ትልቅ ኩባያ

калькулятор

ማስሊያ ማሽን

інтернет

ኢንተርኔት

ноутбук

ላፕቶፕ

лист

ደብዳቤ

повідомлення

መልዕክት

мобільний телефон

ተንቀሳቃሽ ስልክ

мережа

የግንኙነት አዉታር

копіювальний пристрій

ማባዣ ማሽን

програмне забезпечення

ሶፍትዌር

телефон

ስልክ

розетка

የግድግዳ ሶኬት

факс

የፋክስ ማሽን

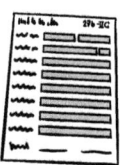

бланк

ቅፅ

документ

ሰነድ

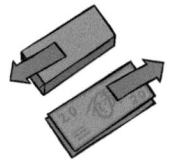

купувати

መግዛት

платити

መክፈል

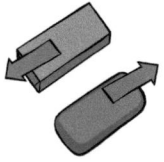

торгувати

መነገድ

гроші

ገንዘብ

долар

ዶላር

євро

ዩሮ

іена

የን

рубль

ሩብል

франк

የስዊዝ ፍራንክ

юанів женьміньбі

ሬንሚንቢ ዩዋን

рупія

ሩፒ

банкомат

የገንዘብ ነጥብ

обмінний пункт

የዉጭ ገንዘብ ምንዛሪ ቢሮ

золото

ወርቅ

срібло

ብር

нафта

ዘይት

енергія

ሀይል፤ ጉልበት

ціна

ዋጋ

контракт

ግንኙነት

податок

ቀረጥ

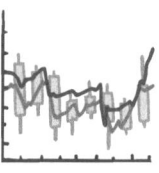

акція

አክስዮን

працювати

መስራት

працівник

ተቀጣሪ

роботодавець

ቀጣሪ

фабрика

ፋብሪካ

магазин

ሱቅ

професії

የስራ ሙያዎች

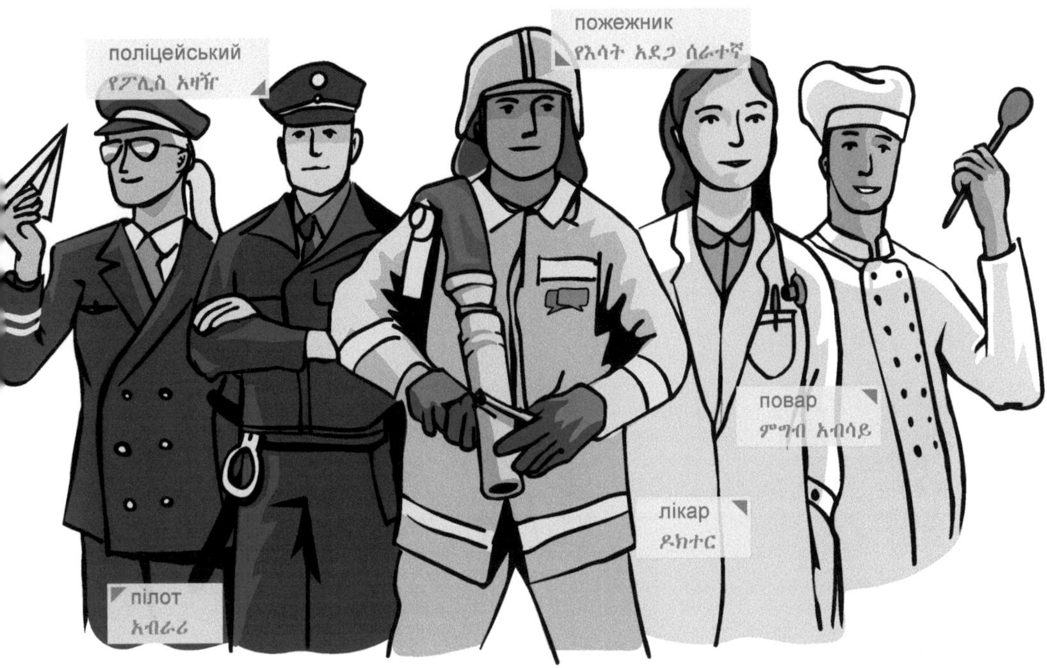
поліцейський
የፖሊስ አዛዥ
пожежник
የእሳት አደጋ ሰራተኛ
повар
ምግብ አብሳይ
лікар
ዶክተር
пілот
አብራሪ

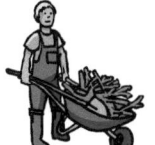

садівник

አትክልተኛ

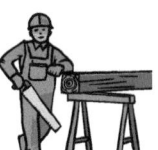

столяр

አናጢ

швачка

ልብስ ሰፊ ሴት

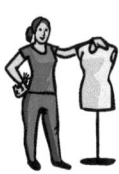

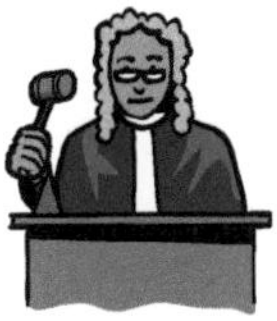

суддя

ዳኛ

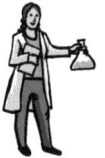

хімік

ቀማሚ

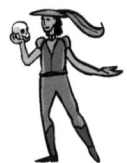

актор

ተዋናይ

водій автобуса

የአዉቶቢስ ሹፌር

таксист

የታክሲ ሹፌር

рибалка

አሳ አጥማጅ

прибиральниця

ፅዳት ሰራተኛ

покрівельник

የጣራ ሰራተኛ

офіціант

አስተናጋጅ

мисливець

አዳኝ

художник

ሰዓሊ

пекар

ጋጋሪ

електрик

የኤሌትሪክ ሰራተኛ

будівельник

ገምቢ

інженер

መሃሃዲስ

забійник

ልኳንዳ

бляхар

የቧንቧ ሰራተኛ

листоноша

የፖስታ ሰራተኛ

солдат

ወታደር

архітектор

መሃንዲስ

касир

የሒሳብ ሰራተኛ

флорист

አበባ ሻጭ

перукар

የፀጉር ሰራተኛ

кондуктор

ቲኬት ቆራጭ

механік

መካኒክ

капітан

ካፒቴን

дантист

የጥርስ ሐኪም

вчений

ተመራማሪ

рабин

መምህር

імам

የሙስሊም ሃይማኖታዊ መሪ

монах

መነኩሴ

пастор

ካህን

інструменти

መሳሪያዎች

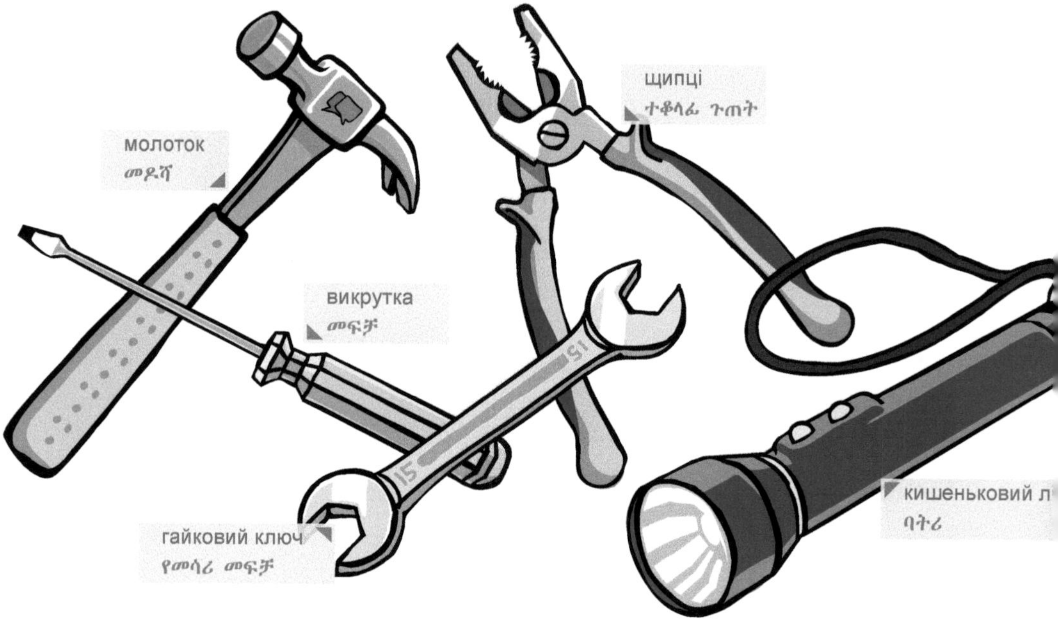
щипці
ተቆላፊ ጉጠት
молоток
መዶሻ
викрутка
መፍቻ
кишеньковий л
ባትሪ
гайковий ключ
የመሳሪ መፍቻ

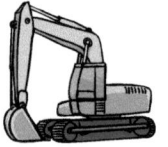

екскаватор

በቁፋሮ የሚዝቅ

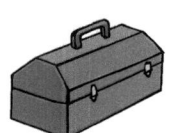

ящик для інструментів

የመፍቻ ሳጥን

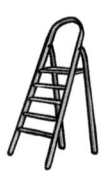

драбина

መሰላል

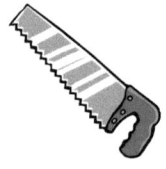

пилка

መጋዝ

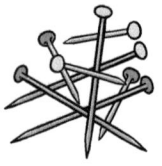

цвяхи

ምስማር

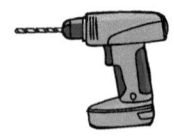

свердло

መሰርሰሪያ

ремонтувати

መጠገን

лопата

አካፋ

лайно!

የተረገመ!

совок

ቆሻሻ ማፈሻ

відро з фарбою

የቀለም ቆርቆሮ

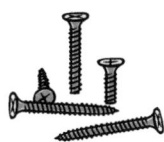

гвинти

ብሎን

музичні інструменти
የሙዚቃ መሳሪያዎች

динамік
የድምፅ ማጉያ
መሳርያ

ударна установка
የከበሮ መሳሪያዎች

гітара
ክራር መሰል የሙዚቃ
መሳሪያ

труба
የትንፋሽ ሙዚቃ
መሳሪያ

контрабас
ድርብ ቤዝ ጊታር

фортепіано

ፒያኖ

скрипка

ቫዮሊን

бас

ወፍራም፤ ጎርናና ድምፅ ያለዉ
ክራር መሰል ሙዚቃ መሳሪያ

литаври

ነጋሪት

барабан

ከበሮ

клавіатура

በኤሌክትሪክ የሚሰራ ፒኖ

саксофон

የትንፋሽ ሙዚቃ መሳሪያ

флейта

ዋሽንት

мікрофон

የድምፅ ማጉያ

вхід / መግቢያ

тигр / ነብር

клітка / ሳጥን

зебра / የሜዳ አህያ

корм / የእንስሳ ምግብ

панда / ትልቅ ድብ

тварини

እንስሳቶች

слон

ዝሆን

кенгуру

ካንጋሮ

носоріг

አዉራሪስ

горила

ትልቅ ዝንጀሮ

ведмідь

ድብ

верблюд

ግመል

страус

ሰጎን

лев

አንበሳ

мавпа

ጦጣ

фламінго

ቅልጥም ረኝገም ወፍ

папуга

በቀቀን

білий ведмідь

የወዋልታ ድብ

пінгвін

የዋልታ ወፎች

акула

ረጅም ጥርሶች ያሉትአሳ ነባሪ

павич

ጣዎስ

змія

እባብ

крокодил

አዞ

працівник зоопарку

የዱር አራዊት የሚጠበቁበት
ማቆያን የሚጠብቅ

тюлень

አሳ በሊታ የባህር እንስሳ

ягуар

የዱር ድመት

поні

ድንክ ፈረስ

леопард

ነብር

гіпопотам

ጉማሬ

жираф

ቀጭኔ

орел

ንስር

кабан

ከርከሮ

риба

አሳ

черепаха

የባህር ኤሊ

морж

የባህር አጮራ

лисиця

ቀበሮ

газель

የሜዳ ፍየል ፤ ሚዳቋ

американський футбол
ሜሪካ እግርኳስ

їзда на велосипеді
ስክሌት ስፖርት

теніс
ቴኒስ

баскетбол
ቅርጫት ኳስ

плавання
ዋና

бокс
ቡጢ ስፖርት

хокей
በረዶ ላይ ገና ጨዋታ

футбол
እግር ኳስ

бадмінтон
ላብ ኳስ ጨዋታ

легка атлетика
ትሌቲክስ

гандбол
እጅ ኳስ ስፖርት

лижні перегони
በረዶ መንሸራተት ስፖርት

поло
ፈረስ ግልቢያ

стрибати
ዝለ

смiятися
ሳቅ

обіймати
ማቀፍ

йти
ራ ዳ

співати
ር

мрiяти
ህል ማለ

молитися
ለይ

цiлувати
ሳ

писати
ፃፍ

малювати
ሳል

показувати
ማሳ ት

тиснути
ግፋት

давати
ስጠት

брати
ዉሰድ

мати

መያዝ

робити

ማድረግ

бути

መሆን

стояти

መቆም

бігати

መሮጥ

тягнути

መሳብ

кидати

መወርወር

падати

መዉደቅ

лежати

መዋሸት

очікувати

መጠበቅ

носити

መሸከም

сидіти

መቀመጥ

одягати

መልበስ

спати

መተኛት

просипатися

መንቃት

дивитися

መመልከት

плакати

ማለልቀስ

гладити

መጫር

розчісувати

ማበጠር

розмовляти

ማዉራት

розуміти

መረዳት

питати

ጥያቄ

слухати

ማዳመጥ

пити

መጠጣት

їсти

መብላት

прибирати

ማንፃት

любити

ማፍቀር

варити

ምግብ ማብሰል

їхати

መንዳት

літати

መብረር

йти під вітрилом

መርከብ መንዳት

рахувати

ቁጥሮችን ማስላት

читати

ማንበብ

вчитися

መማር

працювати

መስራት

одружуватися

ማግባት

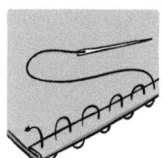

шити

መስፋት

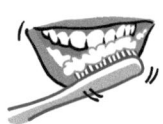

чистити зуби

ጥርስ መቦረሽ

убивати

መግደል

курити

ማጨስ

посилати

መላክ

бабуся
የሴት አያት

дідуся
የወንድ አያት

батько
አባት

мати
እናት

немовля
ህጻን

донька
ሴት ልጅ

син
ወንድ ልጅ

гість

እንግዳ

тітка

አክስት

дядько

አጎት

брат

ወንድም

сестра

እህት

тіло

አካል

чоло
ግንባር
око
አይን
плече
ትከሻ
палець
ጣት
обличчя
ፊት
підборіддя
አገጭ
кисть
እጅ
груди
ጡት
нога
እግር
рука
ክንድ

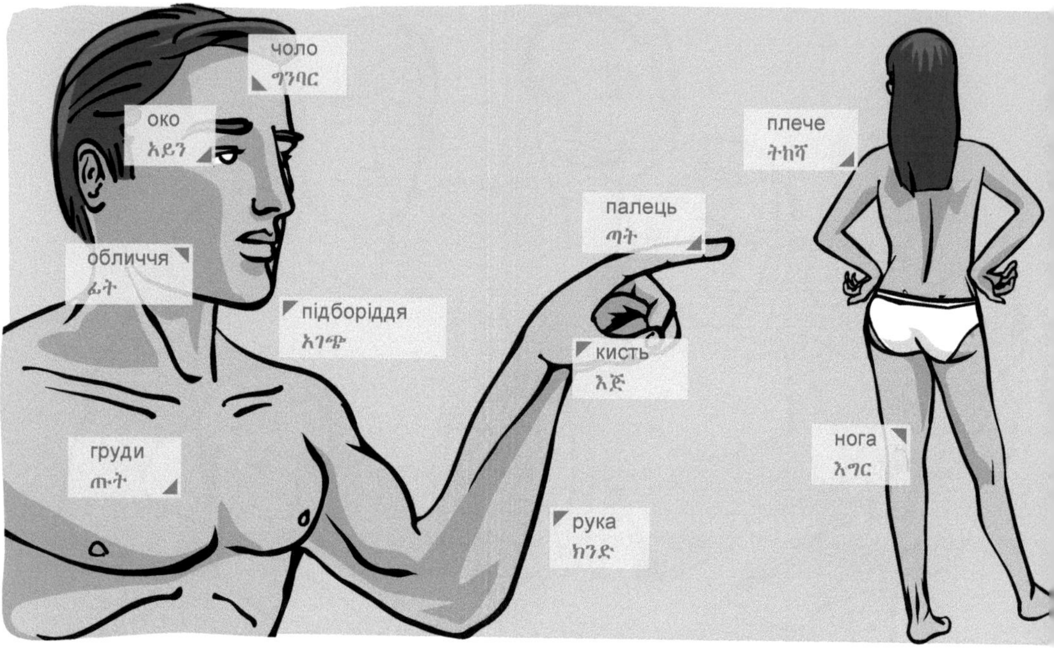

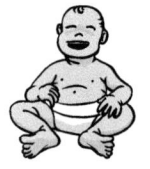

немовля
ህፃን

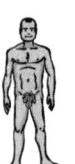

чоловік
ሰዉ

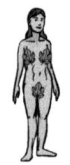

жінка
ሴት

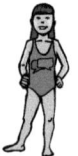

дівчина
ልጃገረድ

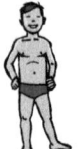

хлопчик
ወንድ ልጅ

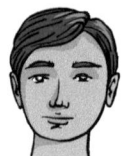

голова
ራስ

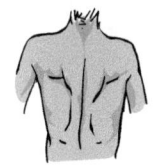

спина

ጀርባ

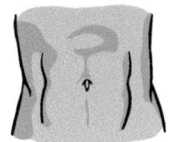

живіт

ሆድ

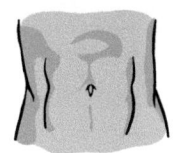

пуп

እምብርት

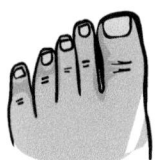

палець ноги

የእግር ጣት

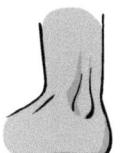

п'ята

ተረከዝ

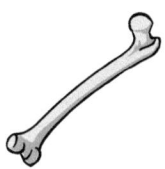

кістка

አጥንት

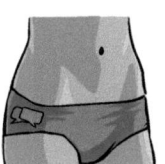

стегно

ዳሌ

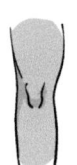

коліно

ጉልበት

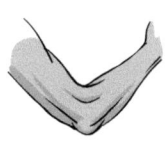

лікоть

ክርን

ніс

አፍንጫ

сідниці

ቂጥ

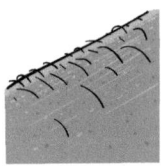

шкіра

ቆዳ

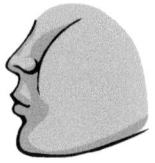

щока

ጉንጭ

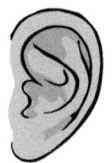

вухо

ጆሮ

губа

ከንፈር

рот

አፍ

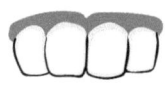

зуб

ጥርስ

язик

ምላስ

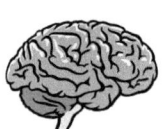

мозок

አንጎል

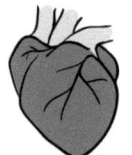

серце

ልብ

м'яз

ጡንቻ

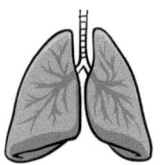

легені

ሳምባ

печінка

ጉበት

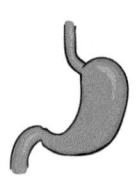

шлунок

ሆድ

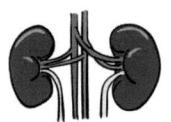

нирки

ኩላሊቶች

статевий акт

የግብረስጋ ግንኙነት

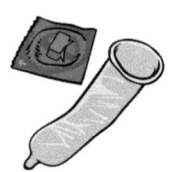

презерватив

ኮንዶም

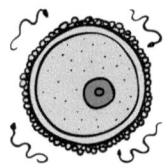

яйцеклітина

የሴት እንቁላል

сперма

የዘር ፈሳሽ

вагітність

እርግዝና

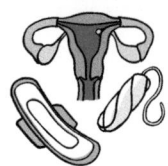

менструація
....
የወር አበባ

вагіна
....
እምስ

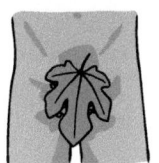

пеніс
....
ቁላ

брова
....
ቅንድብ

волосся
....
ፀጉር

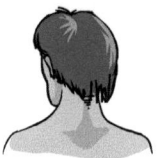

шия
....
አንገት

лікарня

ሆስፒታል

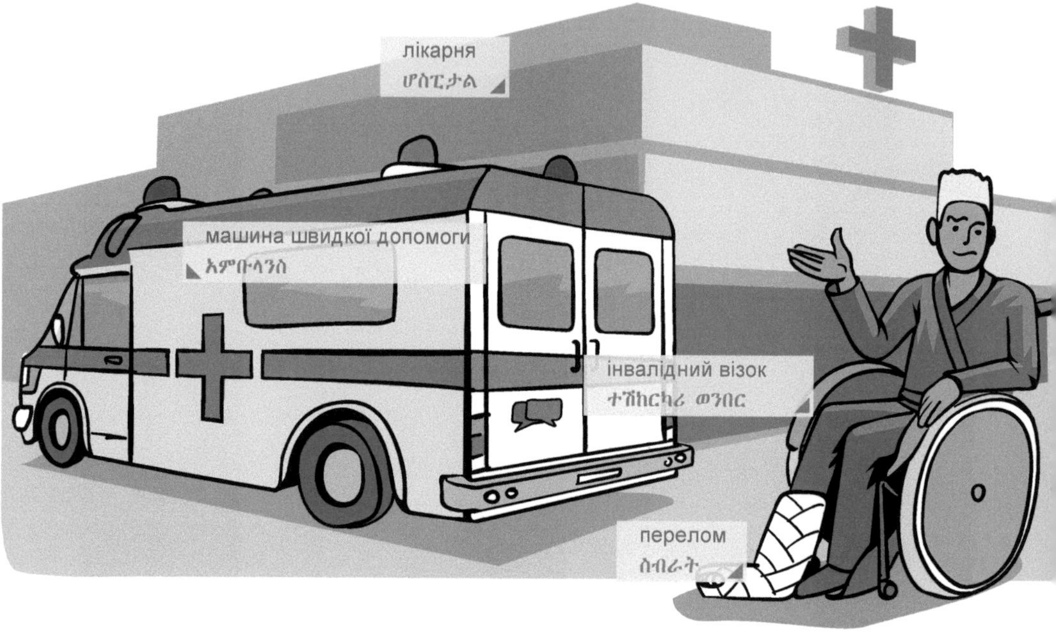

лікарня
ሆስፒታል
машина швидкої допомоги
አምቡላንስ
інвалідний візок
ተሽከርካሪ ወንበር
перелом
ስብራት

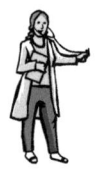

лікар

ዶክተር

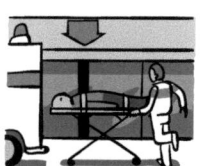

відділення швидкої медичної допомоги

ድንገተኛ ክፍል

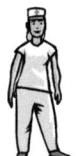

медсестра

ነርስ

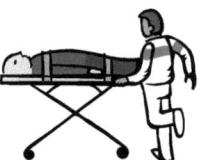

аварійний випадок

ድንገተኛ

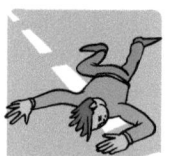

непритомний

ራስን መሳት/ አለማወቅ

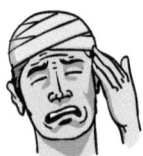

біль

ህመም

травма

ጉዳት

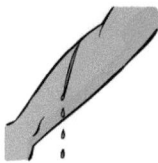

кровотеча

መድማት

інфаркт

የልብ ድካም

інсульт

ስትሮክ

алергія

አለርጂ

кашель

ሳል

лихоманка

ትኩሳት

грип

ኢንፍሉዌንዛ

пронос

ተቅማጥ

головна біль

የራስ ምታት

рак

ካንሰር

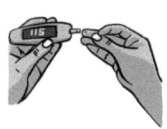

діабет

የስኳር በሽታ

хірург

ቀዶ ጠጋኝ ሐኪም

скальпель

የቀዶ ጥገና ስለት

операція

ቀዶ ጥገና

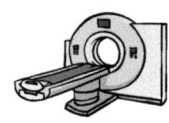

КТ

ሲቲ

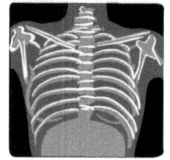

рентген

ኤክስሬይ

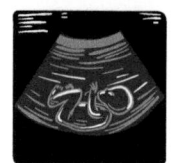

ультразвук

አልትራሳዉንድ

маска

የፊት ጭምብል

хвороба

በሽታ

зал очікування

መጠበቂያ ክፍል

милиця

ምርኩዝ

пластир

የቁስል ማሽጊያ

пов'язка

ፋሻ

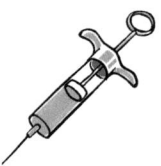

ін'єкція

መርፌ

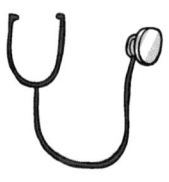

стетоскоп

የልብ ምት ማዳመጫ መሳሪያ

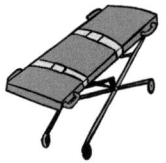

ноші

የበሽተኛ አልጋ

термометр

የህክምና ሙቀት መለኪያ መሳሪያ

народження

መውለድ

надмірна вага

ከልክ ያለፈ ክብደት

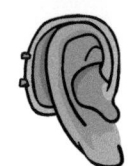

слуховий апарат

ለመስማት የሚረዳ መሳሪያ

дезінфікуючий засіб

ረ ተባይ መድሃኒት

інфекція

ማመ ቀዝ

вірус

ቫይረስ

ВІЛ / СНІД

ኤች አይቪ. ኤድስ

медицина

ከምና

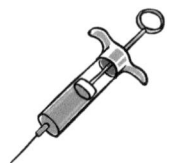

вакцинація

ክትባት

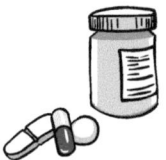

таблетки

ኪኒን

протизаплідна пігулка

ኪኒን

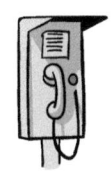

екстрений виклик

አስ ኳይ የስልክ ጥሪ

тонометр

ደም ግፊት መቆጣጠሪያ

хворий / здоровий

መም/ ጤንነት

Допоможіть!

እርዳታ!

сигнал тривоги

ማንቂያ ደወል

напад

ጥቃት

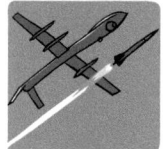

атака

ድብደባ

небезпека

አደጋ

аварійний вихід

የድንገተኛ መውጫ

Вогонь!

እሳት!

вогнегасник

እሳት ማጥፊያ

аварія

አደጋ

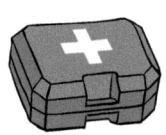

аптечка

የመጀመሪያ እርዳታ መድሃኒት መያዣ

СОС

ነፍስ አድን

поліція

ፖሊስ

Європа

አዉሮፓ

Північна Америка

ሰሜን አሜሪካ

Південна Америка

ደቡብ አሜሪካ

Африка

አፍሪካ

Азія

እስያ

Австралія

አዉስትራሊያ

Атлантика

አትላንቲክ

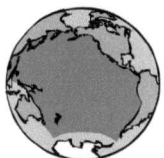

Тихий океан

ፓስፊክ

Індійський океан

የህንድ ዉቅያኖስ

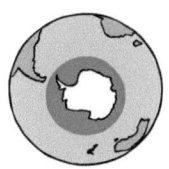

Антарктичний океан

አንታርክቲክ ዉቅያኖስ

Північний Льодовитий
океан

አርከቲክ ዉቅያኖስ

Північний полюс

ሰሜን ዋልታ

Південний полюс

ደቡብ ዋልታ

Антарктика

ንታርክቲካ

Земля

ድር

суша

ፈት

море

ባህር

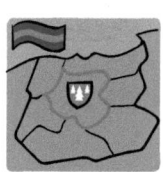

острів

ደሴት

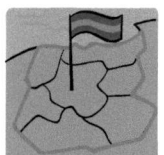

нація

ርና ህዝብ

держава

ን ስት

циферблат
....
የሰዓት ገፅታ

годинникова стрілка
....
ሰዓት

хвилинна стрілка
....
ደቂቃ

секундна стрілка
....
ሴኮንድ

Котра година?
....
ስንት ሰዓት ነው?

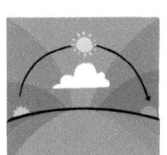

день
....
ቀን

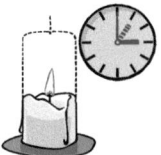

час
....
ጊዜ

зараз
....
አሁን

цифровий годинник
....
የቁጥር ሰዓት

хвилина
....
ደቂቃ

година
....
ሰዓታት

тиждень

ሳምንት

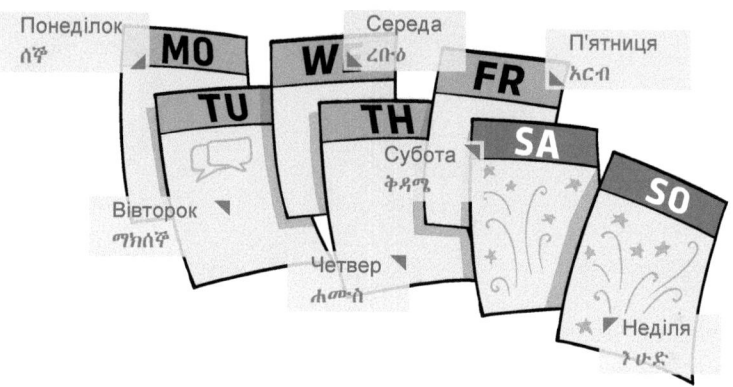

Понеділок
ሰኞ

Середа
ረቡዕ

П'ятниця
ኣርብ

MO

TU

W

TH

FR

SA

SO

Вівторок
ማክሰኞ

Субота
ቅዳሜ

Четвер
ሐሙስ

Неділя
እሁድ

вчора

ትላንት

сьогодні

ዛሬ

завтра

ነገ

ранок

ማለዳ

опівдні

ቀትር

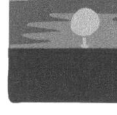

вечір

ምሽት

робочі дні

የስራ ቀናት

кінець робочого тижня

የዕረፍት ቀናት

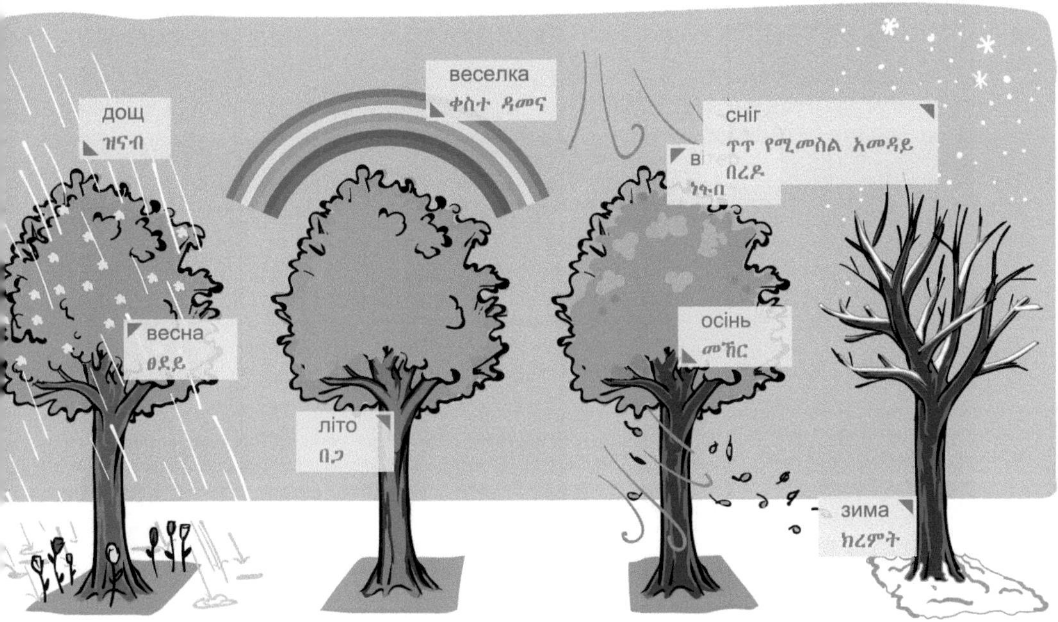

дощ
▶ ዝናብ

веселка
▶ ቀስተ ዳመና

сніг
▶ ጥጥ የሚመስል አመዳይ በረዶ

в...
▶ ነፋስ

весна
▶ ፀደይ

осінь
▶ መኸር

літо
በጋ

зима ◀
ክረምት

прогноз погоди
·············
የአየር ሁኔታ ትንበያ

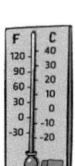

термометр
·············
የሙቀት መለኪያ

сонячне світло
·············
የፀሀይ ሙቀት

хмара
·············
ደመና

туман
·············
ጭጋግ

вологість повітря
·············
እርጥበታማነት

блискавка

መብረቅ

грім

ነጎድጓድ

шторм

አዉሎ ንፋስ

град

የበረዶ ዝናብ

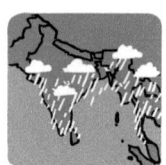

мусон

አዉሎ ንፋስ

повінь

ጎርፍ

лід

በረዶ

Січень

ጥር

Лютий

የካቲት

Березень

መጋቢት

Квітень

ሚያዚያ

Травень

ግንቦት

Червень

ሰኔ

Липень

ሐምሌ

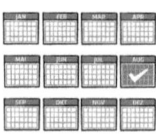

Серпень

ነሀሴ

рік - ዓመት

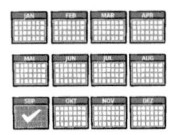

Вересень

....

መስከረም

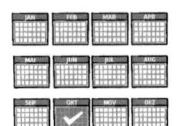

Жовтень

....

ጥቅምት

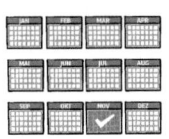

Листопад

....

ህዳር

Грудень

....

ታህሳስ

форми
ቅርዖች

круг

....

ክብ

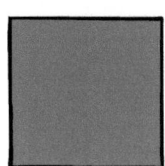

квадрат

....

አራት ማዕዘን

прямокутник

....

አራት ቀጥተኛ ማዕዘኖች ጎኖች
ያሉት ቅርፅ

трикутник

....

ሶስት ማዕዘን

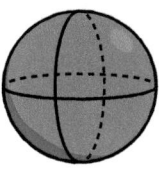

куля

....

ሉል

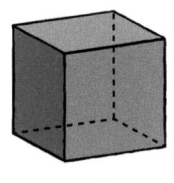

куб

....

ስድስት ጎን ያለዉ ቅርፅ

білий

ነጭ

жовтий

ቢጫ

помаранчевий

ብርቱካናማ

рожевий

ሮዝ

червоний

ቀይ

фіолетовий

ወይን ጠጅ

синій

ሰማያዊ

зелений

አረንጓዴ

коричневий

ቡኒ

сірий

ግራጫ

чорний

ጥቁር

багато / мало

ብዙ/ ጥቂት

лютий / мирний

ንዴት/ እርጋታ

гарний / бридкий

ቆንጆ/ አስቀያሚ

початок / кінець

ጅማሬ/ ፍጻሜ

великий / малий

ትልቅ/ ትንሽ

світлий / темний

ደማቅ/ ደብዛዛ

брат / сестра

ወንድም/ እህት

чистий / брудний

ንጹህ/ ቆሻሻ

завершений /
незавершений
የተጠና/ ያልተጠና

день / ніч

ቀን/ ምሽት

мертвий / живий

የሞተ/ ህያዉ

широкий / вузький

ሰፊ/ ጠባብ

їстівний / неїстівний

የሚበላ / የማይበላ

злий / дружній

ክፉ/ ደግ

збуджений / нудьгуючий

ደስተኛ/ ድብርተኛ

товстий / тонкий

ወፍራም/ ቀጭን

спочатку / востаннє

መጀመርያ/ መጨረሻ

друг / ворог

ጎደኛ/ ጠላት

повний / порожній

ሙሉ/ ጎዶሎ

жорсткий / м'який

ጠንካራ/ ለስላሳ

важкий / легкий

ከባድ/ ቀላል

голод / спрага

ረሃብ/ ጥማት

хворий / здоровий

ህመም/ ጤንነት

незаконний / законний

ህገወጥ/ ህጋዊ

розумний / дурний

ጎበዝ/ ደደብ

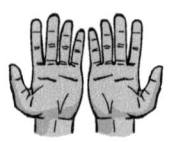

вліво / вправо

ግራ/ ቀኝ

поруч / далеко

ቅርብ/ ሩቅ

новий / використаний

አዲስ/ አሮጌ

нічого / щось

ምንም/ የሆነ ነገር

старий / молодий

ሽማግሌ/ ወጣት

вкл / викл

የበራ/ የጠፉ

відкрито / закрито

ክፍት/ ዝግ

тихо / гучно

ፀጥታ/ ጫጫታ

багатий / бідний

ሃብታም/ ደሃ

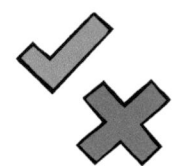

правильно / неправильно

ትክክለኛ/ የተሳሳተ

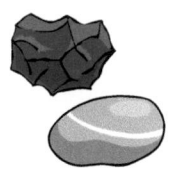

шорсткий / гладкий

ሻካራ/ ለስላሳ

сумний / щасливий

ሐዘን/ ደስታ

короткий / довгий

አጭር/ ረዥም

повільно / швидко

ዝግተኛ/ ፈጣን

вологий / сухий

እርጥብ/ ደረቅ

гарячий / холодний

ሞቃት/ ቀዝቃዛ

війна / мир

ጦርነት/ ሰላም

протилежності - ተቃራኒዎች

0

нуль

ዜሮ

1

один

አንድ

2

два

ሁለት

3

три

ሶስት

4

чотири

አራት

5

п'ять

አምስት

6

шість

ስድስት

7

сім

ሰባት

8

вісім

ስምንት

9

дев'ять

ዘጠኝ

10

десять

አስር

11

одинадцять

አስራ አንድ

12

дванадцять

አስራ ሁለት

13

тринадцять

አስራ ሶስት

14

чотирнадцять

አስራ አራት

15

п'ятнадцять

አስራ አምስት

16

шістнадцять

አስራ ስድስት

17

сімнадцять

አስራ ሰባት

18

вісімнадцять

አስራ ስስምንት

19

дев'ятнадцять

አስራ ዘጠኝ

20

двадцять

ሃያ

100

сто

መቶ

1.000

тисяча

ሽህ

1.000.000

мільйон

ሚሊዮን

англійська

እንግሊዝኛ

американська англійська

የአሜሪካ እንግሊዝኛ

китайська
високочиновницька

የቻይና ማንዳሪን

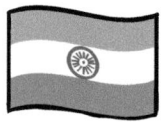

хінді

ሂንዱ

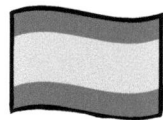

іспанська

ስፓኒሽ

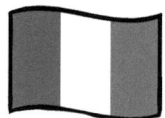

французька

ፍሬንች

арабська

አረብኛ

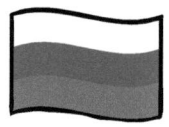

російська

ራሺያኛ

португальська

ፖርቹጊዝ

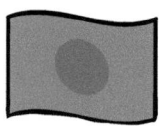

бенгальська

ቤንጋሊ

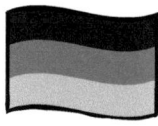

німецька

ጀርመን

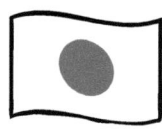

японська

ጃፓንኛ

я

እኔ

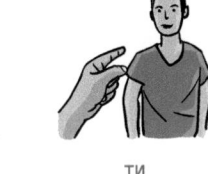

ти

አንተ

він / вона / воно

እሱ/ እርሷ/ እቃዉ

ми

እኛ

ви

አንተ

вони

እነርሱ

хто?

ማን?

що?

ምን?

як?

እንዴት?

де?

የት?

коли?

መቼ?

ім'я

ስም

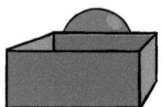

ззаду

በስተጀርባ

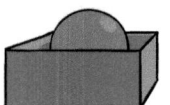

в

ውስጥ

перед

ከፊት ለፊት

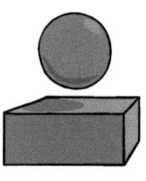

над

ከላይ

на

ላይ

під

ከስር

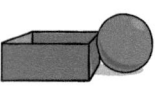

біля

አጠገብ

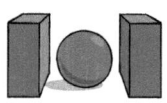

між

መሃከል

місце

ቦታ